MedR Schriftenreihe Medizinrecht

M. Bergener

Die zwangsweise Unterbringung psychisch Kranker

Problematik aus der Sicht von Richtern und Ärzten

Unter Mitarbeit von
M. Blöink U. Christiansen A. Draber J. Husser K. Neller
P. Radermacher I. Theisohn A. Wiebe E. Weber

Springer-Verlag Berlin Heidelberg GmbH

Prof. Dr. med. Manfred Bergener
Leitender Arzt der Rheinischen Landesklinik Köln
Wilhelm-Griesinger-Straße 23, D-5000 Köln 91

Fortführung der Reihe „RECHT und MEDIZIN“

ISBN 978-3-540-16412-8 ISBN 978-3-662-06704-8 (eBook)
DOI 10.1007/978-3-662-06704-8

CIP-Kurztitelaufnahme der Deutschen Bibliothek. Bergener, Manfred: Die zwangsweise Unterbringung psychisch Kranker: Problematik aus d. Sicht v. Richtern u. Ärzten / M. Bergener. Unter Mitarb. von M. Blöink ... - Berlin; Heidelberg; New York; Tokyo: Springer, 1986.
(MedR, Schriftenreihe Medizinrecht)

Ursprünglich erschienen bei Springer-Verlag Berlin Heidelberg New York 1986.

Gesamtherstellung: Appl, Wemding. 2119/3140-543210

Vorwort

Die 1974 in der Trägerschaft des Landschaftsverbandes Rheinland eröffnete Rheinische Landesklinik Köln ist mehr als ein Krankenhaus: in ihr wurde die Einheit medizinischer, psychotherapeutischer und sozialer Hilfestellungen für psychisch Kranke verwirklicht. Als psychiatrisches Behandlungszentrum zuständig für die umfassende psychiatrische Versorgung der Stadt Köln (mit Ausnahme eines Südstadt- und eines weiteren Nordstadtbezirks) entspricht ihre Aufgabenstruktur den Leitlinien der Enquête zur Lage der Psychiatrie in der Bundesrepublik. Neben einer Gleichstellung der psychisch Kranken mit den körperlich Kranken wurde darin ein regional gegliedertes, abgestuftes System leistungsfähiger, einander ergänzender und leicht erreichbarer psychiatrischer und sozialer Einrichtungen vorgegeben, das psychisch Kranken nach Art und Grad ihrer Beeinträchtigung jeweils die bestmögliche Hilfe zuteil werden läßt. Der Institutsambulanz – in Köln erstmals in der Bundesrepublik verwirklicht – wurde in diesem neuartigen System umfassender Versorgung eine integrale Funktion zugewiesen. Ohne den Anspruch umfassender psychiatrischer Versorgung zu relativieren, sollte zugleich der Anteil zwangsweiser Unterbringungen psychisch Kranker möglichst niedrig gehalten werden. Angeregt durch die Klinik wurde bereits Anfang 1975 eine Arbeitsgruppe mit Richtern des Landgerichts

Köln, der Amtsgerichte des Landgerichtsbezirks Köln sowie Mitarbeitern des Gesundheitsamtes und der Ordnungsbehörden ins Leben gerufen. Diese hat seitdem 2mal jährlich Konferenzen abgehalten, die den jeweils aktuellen Problemen der Grenzbereiche zwischen Psychiatrie und Recht gewidmet waren. Als erstes Ergebnis dieser gemeinsamen Arbeit ist der nachfolgende Beitrag entstanden. Darin werden sowohl grundsätzliche Probleme wie auch konkrete Fragen der psychiatrischen Praxis aufgegriffen mit dem Ziel, bei der Anwendung des Unterbringungs- sowie des Vormundschafts- und Pflegschaftsrechts Alternativen zu entwickeln und aufzuzeigen, die modernen Psychiatriekonzepten Rechnung tragen. Damit soll letztlich erreicht werden, daß alle heutigen Möglichkeiten psychiatrischer Diagnostik, Therapie und Rehabilitation in jedem Einzelfall auch tatsächlich genutzt werden können.

Köln, März 1986 M. Bergener

Inhaltsverzeichnis

Mitarbeiterverzeichnis

Dr. M. Blöink
Rheinische Landesklinik Köln
Wilhelm-Griesinger-Straße 23, D-5000 Köln 91

Frau Dr. U. Christiansen
Rheinische Landesklinik Köln
Wilhelm-Griesinger-Straße 23, D-5000 Köln 91

Dr. A. Draber
Landgericht Köln
Luxemburgerstraße 101, D-5000 Köln 41

Dr. J. Husser
Rheinische Landesklinik Köln
Wilhelm-Griesinger-Straße 23, D-5000 Köln 91

Dr. K. Neller
Rheinische Landesklinik Köln
Wilhelm-Griesinger-Straße 23, D-5000 Köln 91

P. Radermacher
Amtsgericht Köln
Luxemburgerstraße 101, D-5000 Köln 41

Frau Dr. I. Theisohn
Gesundheitsamt der Stadt Köln
Neumarkt 15-17, D-5000 Köln 1

Dr. A. Wiebe
Amtsgericht Köln
Luxemburgerstraße 101, D-5000 Köln 41

E. Weber
Amtsgericht Köln
Luxemburgerstraße 101, D-5000 Köln 41

1 Vorbemerkung

1974 wurde mit der Enquête zur Lage der Psychiatrie eine umfassende Bestandsaufnahme der psychiatrischen Versorgung in der Bundesrepublik dem Deutschen Bundestag vorgelegt. Die erwartete öffentliche Resonanz darauf ist weitgehend ausgeblieben. Viele Vorurteile gegenüber psychisch Kranken bestehen nach wie vor. Daran hat auch die Flut von Presseveröffentlichungen nichts ändern können. Sie haben wenig zur sachlichen Aufklärung und Information und damit zum Abbau dieser Vorurteile beigetragen, gleichwohl haben - und das ist vielleicht das Bemerkenswerte - die in den vergangenen Jahren getroffenen Investitionen zu einer erheblichen Verbesserung der Versorgung psychisch Kranker und Behinderter beigetragen. Über Jahrzehnte angewachsene Hypotheken und Mißstände konnten weitgehend abgebaut, neue Einrichtungen geschaffen, zahlreiche Verbesserungen in bestehenden psychiatrischen Institutionen durchgeführt werden. Auch die Infrastruktur dieser Einrichtungen wurde nach den Leitlinien der Enquête schrittweise verändert, die Stellenpläne den tatsächlichen Erfordernissen angenähert.
Der weitgehende Wandel der psychiatrischen Versorgung aber wird entscheidend von unserer Grundhaltung und Einstellung gegenüber psychisch Kranken abhängen, von unseren Urteilen und Vorurteilen. Eingrenzungen und Beschränkungen werden nicht nur durch die nicht ins Unermeßliche wachsenden finanziellen Ressourcen auferlegt. An unseren Vorurteilen hat sich bis heute wenig geändert. Im Gegenteil: spürbarer wird nach einer vorübergehenden Annäherung erneut eine zunehmend ab-

weisend-ausgrenzende Tendenz, die auch an der Rigorosität, mit der in der Öffentlichkeit Versäumnisse in der Wahrnehmung professionell delegierter Aufgaben geahndet und verurteilt werden, ablesbar ist.

Ein durchgreifender Wandel ist nicht zu erwarten, solange tradierte Normen aufrechterhalten werden. Diese betreffen die medizinisch-konzeptuellen ebenso wie die rechtlichen Grundlagen der Psychiatrie. Hier sind Psychiater und Juristen aufgerufen, mit mehr Intuition und Eifer als bisher an die Lösung der ihnen gemeinsam gestellten Aufgaben heranzugehen. Viele Probleme und Schwierigkeiten in der Versorgung psychisch Kranker sind nicht in der gegenwärtigen Situation der Psychiatrie selbst begründet, sie ergeben sich vielmehr aus gesetzlichen Regelungen, die die Krankenhauseinweisungen psychisch Kranker gegen ihren Willen betreffen und die damit ihre Rechtsstellung berühren; sie ergeben sich vor allem aber auch aus der Anwendungspraxis dieser Gesetze.

Um der Rechtsstaatlichkeit nach langer Zeit schwerer Unrechts- und Willkürhandlungen wieder gebührende Geltung zu verschaffen, sollte die Dritte Gewalt unmittelbar und verantwortlich bei zwangsweisen Unterbringungen psychisch Kranker beteiligt werden. Bestimmend für diese nach 1945 getroffenen Entscheidungen der Länderparlamente war der Vertrauensverlust, den die deutsche Psychiatrie in der Zeit des Dritten Reiches erlitten hatte. In anderen Staaten, in den USA, England, Belgien, der Schweiz und in Skandinavien, existieren entsprechende Regelungen nicht. Dort sind durch Ärzte beigebrachte gutachterliche Stellungnahmen ausreichend, um eine Einweisung auch gegen den Willen des Erkrankten zu rechtfertigen. Bedenken gegen das hierzulande geübte Unterbringungsrecht sind bereits in den Nachkriegsjahren von vielen Psychiatern vorgebracht worden. Sie sind seitdem immer wieder geäußert worden. Auch die inzwischen erfolgten Novellierungen einzelner Ländergesetze haben daran nichts wesentliches ändern können. Grundsätzliche Einwände blieben bestehen.

Sie konzentrieren sich nicht nur auf die landauf, landab geübte Verfahrenspraxis. Daß die Quote der Zwangsunterbringungen sich in einem direkten Bezug zur jeweiligen Intensität der Versorgungsangebote bewegt (Intensität in bezug auf Quantität *und* Qualität), steht außer Frage, ebenso ihre Abhängigkeit von der Funktionsfähigkeit ambulanter Dienste, die sowohl präventive als auch nachsorgende Maßnahmen umfassen. Sie sind entscheidend abhängig vom Angebot flankierender Einrichtungen (Pflege- und Altenheime etc.), die für die Aufnahme längerfristig zu betreuender Kranker geeignet sind (Vermeidung primärer und sekundärer Fehlplazierung).

Nach wie vor ist nicht von der Hand zu weisen, daß durch die Unterbringungsgesetze, zumindest durch die regional unterschiedlich gehandhabte Unterbringungspraxis, Einweisungen auch ohne eine fundierte psychiatrische Begründung nicht ausgeschlossen sind.

Unterbringungsbeschlüsse ohne das Vorliegen einer medizinischen Notwendigkeit: Ist das möglich? Und wenn ja, *wie* ist so etwas möglich?

Probleme der psychiatrischen Versorgung im Umkreis dieser Fragen sind auf Initiative von Bergener in der Rheinischen Landesklinik Köln seit ihrer Eröffnung im Jahre 1974 bearbeitet worden. Dazu gehören auch die zweimal jährlich stattfindenden Diskussionen mit Richtern des Amtsgerichts Köln und der Amtsgerichte des Landgerichtsbezirkes Köln, dem ärztlichen Dienst des Gesundheitsamtes der Stadt Köln und den ärztlichen Mitarbeitern der Rheinischen Landesklinik mit dem Ziel, die vielschichtige Problematik des PsychKG NW eingehender zu untersuchen – v. a. auch den Interpretationsrahmen dieses Gesetzes für eine regional im einzelnen genauer zu bestimmende Verfahrenspraxis abzustecken. Dieser seit 10 Jahren bestehende Arbeitskreis aus Juristen und Ärzten hat sich in den seitdem durchgeführten Sitzungen immer wieder auf einzelne Probleme des PsychKG konzentriert. Andere Tagesordnungspunkte wurden aufgrund der besonderen Aktualität, die sich

aus den Rechtsgrundlagen und der Handhabung des PsychKG NW ergaben, zurückgestellt.
Die nachfolgenden Beiträge versuchen besonders diskussionswürdige Aspekte dieser Problematik aufzuzeigen. Sie beanspruchen weder Vollständigkeit, noch können und wollen sie als Grundlagen für eine weitergreifende Novellierung dieses Gesetzes verstanden werden. Die Dringlichkeit einer baldigen Novellierung aber steht außer Frage. Das Ziel dieser Beiträge wäre erreicht, wenn sie sich als geeignet erwiesen, hierzu Anstöße zu vermitteln. Gegensätzliche und widersprüchliche Auffassungen wurden bewußt nebeneinander gestellt, weil es nur so möglich erscheint, die unterschiedlichen Konfliktebenen zu verdeutlichen. Der Frage einer möglichen Lösung werden wir uns in einer gemeinsamen Schlußbetrachtung zuwenden, wobei es dann v.a. darum gehen wird, zu fragen, ob eine solche Novellierung überhaupt notwendig oder wünschenswert wäre, und wenn ja, welche Voraussetzungen erfüllt sein müßten, bevor ein solches Vorhaben erfolgreich sein könnte.

2 Rechtliche Problematik der Freiheitsentziehung

Die Erfahrung, daß die öffentliche Gewalt Menschen ohne Einschaltung eines mit rechtsförmlichen Garantien ausgestatteten gerichtlichen Verfahrens ihrer Freiheit berauben konnte, trug wesentlich dazu bei, im Grundgesetz nicht nur im Grundrechtkatalog das Grundrecht auf Freiheit zu verankern, sondern auch - in Art. 104 GG - eine Vorschrift aufzunehmen und damit verfassungsmäßig zu verankern, die das Mindestmaß der verfahrensmäßigen Garantien festlegte (Bonner Kommentar zum GG, Art. 104 Anm. 1), um eine Wiederkehr der sog. „Schutzhaft" auszuschließen.
Die Bestimmungen über die Mindestanforderung an das gerichtliche Prüfungsverfahren blieben bis heute umstritten. Die Gegner des gerichtlichen Prüfungsverfahrens argumentieren u. a. damit, daß es sich insbesondere bei der Unterbringung von Geisteskranken um Verwaltungsmaßnahmen, d. h. um „polizeiliche Fürsorgetätigkeit" handele, die keiner gerichtlichen Überprüfung bedürfe (a. a. O.). Demgegenüber wurde argumentiert, daß diese Grundrechtsbestimmungen als unmittelbar geltendes Recht anzusehen seien. Es war somit notwendig, das Freiheitsentziehungsverfahren in Ausführung des Art. 104 GG gesetzlich zu regeln. Dabei bestand Einigkeit darüber, daß das Ausführungsgesetz nicht unbedingt ein Bundesgesetz sein mußte, sondern auch - soweit der Zuständigkeitskatalog des Grundgesetzes das betreffende Rechtsgebiet der Ländergesetzgebung überließ - ein Landesgesetz sein konnte.
Ohne Kenntnis dieser Ausgangslage ist die heutige Problematik des Unterbringungsrechts, worauf Draber in unserem Arbeits-

kreis immer wieder zu Recht hingewiesen hat, nicht zu verstehen. Die folgenden Gedanken erscheinen uns in diesem Zusammenhang besonders bemerkenswert:
Zwei Klassen von Auffälligkeiten sind es, die als hinreichender Grund angesehen werden, einem Menschen die persönliche Freiheit von Rechts wegen zu entziehen: Die erste Klasse betrifft Handlungen, mit denen gegen Strafgesetze verstoßen wird, die zweite solche, die den Schluß fehlender geistiger Normalität nahelegen. Während die erste Gruppe hier nicht von Interesse ist, sind in der zweiten 2 Gesichtspunkte zu unterscheiden, die zur Abgrenzung der für eine Freiheitsentziehung relevanten Voraussetzungen herangezogen werden:

- Freiheitsentziehung zum Schutze der öffentlichen Sicherheit und Ordnung vor den - tatsächlich oder vermeintlich - von einem psychisch Kranken ausgehenden Gefahren: „Gefahrenabwehr";
- Freiheitsentziehung im wohlverstandenen Interesse des Kranken und damit zu seinem Wohle: „Fürsorgegedanke".

Die Probleme der Unterbringung zur Gefahrenabwehr liegen weniger auf rechtlichem als auf medizinischem Gebiet. So handelt es sich beispielsweise bei der Beurteilung der Gefährlichkeit eines Kranken immer um eine Prognoseentscheidung, die nicht nur die Schwierigkeiten und Unsicherheiten jeder Entscheidung über voraussichtliches menschliches Verhalten - wie etwa auch bei der Entscheidung über die Strafaussetzung zur Bewährung - teilt, sondern noch dadurch erschwert ist, daß nicht ein normalerweise zu erwartendes, sondern ein durch eine psychische Erkrankung gestörtes Verhalten prognostiziert werden muß.
In nicht seltenen Fällen überschneidet sich der Gesichtspunkt der Gefahrenabwehr mit dem Fürsorgegesichtspunkt, vor allem in den Fällen, in denen die Gefahr sich gegen den Erkrankten selbst richtet („Gefahr der Selbsttötung oder der Selbstbeschädigung"). In einigen Unterbringungsgesetzen wird diese Gefahr

als selbständiger rechtlicher Gesichtspunkt angeführt (vgl. dazu OLG Zweibrücken in NJW 1974, 610, mit Anmerkung von Koch). Da in unserer Kultur die Anschauung vorherrscht, daß niemand das Recht hat, sich selbst das Leben zu nehmen, stellt die Gefahr der Selbsttötung zugleich die Gefahr einer Rechtsverletzung dar, d.h. einer auch gegen die öffentliche Sicherheit und Ordnung gerichteten Gefahr, und rechtfertigt damit die Unterbringung unter dem Gesichtspunkt der Gefahrenabwehr. Nicht so leicht zu treffen ist dagegen die Entscheidung bei der Gefahr der Selbstbeschädigung oder nichtvorsätzlichen Selbsttötung. Während ein psychisch Gesunder im Übermaß rauchen, trinken, gefährliche Sportarten wie Boxen etc. betreiben oder gefährliche Klettertouren im Gebirge unternehmen darf, kurz: sich Selbstverletzungen zufügen oder zufügen lassen bzw. sich in Lebensgefahr begeben darf, soweit nicht die guten Sitten entgegen stehen (§ 226 a StGB, vgl. dazu BHGSt 4), riskiert ein psychisch Kranker bei einer gefährlichen Klettertour bereits die Unterbringung (vgl. Baumann, S. 268 ff.; Saage-Göppinger, III, 164). Noch unsicherer wird die Abgrenzung, wenn es um die Frage geht, ob der Betroffene sich ärztlich behandeln lassen muß oder nicht. Auch hier genießen der psychisch Gesunde ebenso wie der körperlich Kranke, der ein dringend behandlungsbedürftiges körperliches Leiden nicht behandeln läßt, größere Freiheiten als der psychisch Kranke (Saage-Göppinger, III, 165). Letztlich rührt die Problematik daher, daß sich Einweisungen aufgrund von Selbstgefährdung oder Selbstbeschädigung unter dem Gesichtspunkt der Gefahrenabwehr nicht rechtfertigen lassen. Dennoch wird dies in der Rechtsprechung immer wieder versucht (Saage-Göppinger, III, 24 m. w. N.). So hat das BayOLG die Verweigerung der Medikamenteneinnahme bereits als eine die Unterbringung rechtfertigende Störung der öffentlichen Ordnung angesehen mit der Begründung, daß dadurch ein unbestimmter Personenkreis von dem Schicksal des Kranken Kenntnis erlangen und beunruhigt werden könnte [BayOLGZ 1963, 235 (238)].

Demgegenüber wird von anderer Seite wie auch von uns die Auffassung vertreten, daß der Fürsorgegedanke in derartig gelagerten Fällen der einzige Gesichtspunkt ist, der eine Unterbringung rechtfertigen könnte. Eine Unterbringung aus Gründen der Fürsorge war aber in den Unterbringungsgesetzen, die durch die Länder in Ausführung des Art. 104 GG erlassen wurden, grundsätzlich nicht vorgesehen. Artikel 104 GG wollte die Freiheitsentziehung durch die öffentliche Gewalt regeln, nicht hingegen Unterbringungen auf privatrechtlicher Basis, beispielsweise durch Vormund, Pfleger o.a. gesetzliche Vertreter (Eltern). Dieser in den Kommentaren zu Artikel 104 GG vertretene Standpunkt wurde von der Rechtsprechung übernommen (Einzelheiten hierzu bei Maunz, Dürig u. Herzog, Kommentar zum GG, Art. 104 Anm. 2 und 3 m. w. N.).
Unterbringungen aus Gründen der Fürsorge sollten auf privatrechtlicher Basis erfolgen. Eine Regelung der hierzu erforderlichen Voraussetzungen und des Verfahrens selbst erschien verfassungsrechtlich nicht geboten. Dieses Ergebnis muß eigentlich verwundern, worauf wiederholt hingewiesen worden ist. In diesem Zusammenhang sei an den widerrechtlichen Abtransport, die Ermordung der überwiegend auf privatrechtlicher Basis, in vielen Fällen sogar auf freiwilliger Grundlage untergebrachten psychisch Kranken während der NS-Zeit erinnert (vgl. Klee 1983).
Nicht nur die vorerwähnte Problematik förderte in der Folgezeit die Tendenz, der Unterbringung aus Fürsorgegründen gegenüber derjenigen aus Gründen der Gefahrenabwehr mehr Bedeutung beizumessen, allerdings nicht durchgehend und nicht einheitlich. Im Grunde ist die Inkommensurabilität dieser beiden Gesichtspunkte stets gegenwärtig und erklärt die bis heute bestehenden Probleme und Schwierigkeiten im Umgang mit den Unterbringungsgesetzen. Dem Gedanken, die Unterbringung als eine Hilfsmaßnahme für den psychisch Kranken aufzufassen, wird der Gesichtspunkt der Gefahrenabwehr immer störend im Wege stehen, vor allem wegen seiner Nähe zu

strafrechtlichen Gesichtspunkten. Dies um so mehr, als diese Nähe nicht zufällig besteht, sondern sich auf eine reale Grundlage zurückführen läßt. Bei der richterlichen Anhörung Unterzubringender treten in der Regel die gleichen Argumentationsmuster ins Spiel, wie sie aus der Strafjustiz bekannt sind: Die Betroffenen beteuern ihre Unschuld, leugnen oder bagatellisieren die Handlungen, aus denen der Schluß auf ihre Gefährlichkeit gezogen werden soll, und beteuern ihre psychische Gesundheit. Sie empfinden offensichtlich die Unterbringung - auch wenn sie vom Fürsorgegedanken geleitet ist - als Sanktion ihrer psychischen Erkrankung und als persönliche Diskriminierung. Sieht hingegen ein Betroffener die Notwendigkeit der Unterbringung in einer psychiatrischen Klinik ein, so endet die rechtliche Problematik, da nun keine Unterbringung gegen den Willen des Kranken mehr vorliegt. Allerdings sieht das PsychKG NW nicht nur die Unterbringung gegen den Willen des Betroffenen vor - in Ausführung des Art. 104 GG -, sondern regelt darüber hinaus eine Reihe von Hilfsmaßnahmen für psychisch Kranke auf freiwilliger Basis.

Grundsätzlich ändert sich dadurch nichts daran, daß sich die rechtliche Problematik nicht nur aus dem Gegensatz Gefahrenabwehr-Fürsorge, sondern auch aus dem Gegensatz Freiheitsentziehung - freiwillige Hilfe ergibt. Man sollte eben nicht vergessen, daß auch der Fürsorgegedanke mißbraucht werden kann.

Um so mehr muß überraschen, daß die materiellen Voraussetzungen, unter denen eine Unterbringung aus Fürsorgegesichtspunkten zulässig ist, bis heute gesetzlich nicht geregelt sind. Der Gesetzgeber hat sich insoweit auf die von der Rechtsprechung entwickelte Kasuistik verlassen (vgl. Saage-Göppinger, II, 9). Dem immer wieder von der Psychiatrie herausgestellten Gesichtspunkt, psychisch Kranke nicht als potentiell gefährliche Geistesgestörte, sondern als behandlungsbedürftige Kranke anzusehen, wird damit nur sehr unzulänglich Rechnung getragen. Eine rechtlich durchgehende Entsprechung hat dieser Gesichts-

punkt bis heute nicht gefunden (vgl. Göppinger in FamRZ 1980, S. 856 ff.).
Dabei ist besonders zu beachten, daß Hilfe grundsätzlich freiwillig angenommen werden muß. Aufgedrängte, gegen den natürlichen, nicht notwendigerweise rechtlich relevanten Willen des Betroffenen erzwungene Hilfe bedarf in jedem Fall der Rechtfertigung. Diese grundsätzliche Trennungslinie darf durch den Hinweis auf die krankheitsbedingte Uneinsichtigkeit des Kranken nicht verdeckt werden, auch wenn die ins Auge gefaßten Maßnahmen von Fürsorgegesichtspunkten getragen werden. Vorgeschlagen wird daher nicht mehr wie bisher (vgl. Göppinger a. a. O.) *rechtlich,* also nach den Gesichtspunkten Gefahrenabwehr/Fürsorge zu unterscheiden, sondern zu fragen, ob die betreffenden Maßnahmen aus der Sicht des Betroffenen freiwillig angenommen werden oder nicht.
Soweit die allgemeine Rechtslage. Wie aber sieht nun die Praxis aus? Sie wird zunächst aus dem Blickwinkel des Psychiaters, der einen Kranken gegen dessen Willen zur stationären Behandlung aufnimmt, geschildert.

3 Beschreibung der Aufnahmesituation aus der Sicht des Arztes

Unterbringungen von psychisch Kranken auf geschlossenen Abteilungen lassen sich nicht ausnahmslos umgehen. Immer wieder ergibt sich die Notwendigkeit, psychisch Kranke, die sich in einem Zustand hochgradiger Erregung befinden und dadurch für sich und andere eine Gefahr darstellen können, auch gegen ihren Willen unterzubringen. Dabei liegt es in der Natur psychischer Störungen, daß ihre Symptomatologie häufig und nicht selten abrupt wechseln kann. Vielfach werden darüber hinaus durch die Umstände der Einweisung Reaktionen hervorgerufen, die in ihren Auswirkungen der primären Symptomatologie gleichen, diese überlagern und ausgestalten können. In der Untersuchungssituation im Zusammenhang mit der Klinikaufnahme kann es daher außerordentlich schwierig sein, sekundäre Reaktionen als Auswirkungen der getroffenen Zwangszuweisung von primären Symptomen der Krankheit zu unterscheiden. Deshalb erscheint es aus psychiatrischer Sicht außerordentlich wesentlich, daran festzuhalten, daß bei allen Einweisungen nach dem PsychKG Untersuchungsergebnisse *vor* der Klinikeinweisung beigebracht werden. Nicht zulässig kann es sein, sie in der Regel erst nach erfolgter Zuweisung einzuholen; noch weniger dürfen sie rückwirkend ermittelt werden. *In jedem Fall ist festzuhalten, daß die Einweisung selbst eine „veränderte Situation" begründet, aus der Verhaltensweisen resultieren können, die keinesfalls im Sinne eines argumentativen Rückgriffs zur Rechtfertigung der Unterbringung herangezogen werden können.* Die Überschneidung ähnlicher und durchaus gleichartiger Verhaltensweisen als Ausdruck einer psychopathologischen Symptomatologie mit solchen, die als Reaktion auf die erzwungenen Maßnahmen sich entwickeln, kann eine umfassende Beurteilung in jedem Einzelfall außerordentlich erschweren, ja unmöglich machen. Aus diesen Gründen ist daher von psychiatrischer Seite unbedingt zu fordern, daß alle Entscheidungen sowie die für eine solche Maßnahme relevanten Fakten *vor* der Entscheidung für eine Einweisung ermittelt und der Entscheidung für eine Einweisung zugrundegelegt werden. Jede „Danachbeurteilung" ist dagegen strikt abzulehnen. Dies sollte in jedem Fall gelten, auch für sog. *Eilentscheidungen.*

Wie aber sieht die Praxis aus? Nicht selten werden hochgradig erregte Personen durch die Polizei der Klinik zugeführt, ohne vorherige Konsultation eines Amtsarztes oder des ärztlichen Notfalldienstes. Was sich dabei im einzelnen abspielt, soll anhand der folgenden Beispiele aufgezeigt werden.

In den Polizeiberichten werden in der Regel hochdramatische Situationen geschildert, z. B. daß der Betreffende Angehörige oder Fremde bedroht oder tätlich angegriffen, in anderen Fällen mit Waffen hantiert oder mit Gegenständen um sich geworfen haben soll. In anderen Berichten ist von Selbstmorddrohungen die Rede, die Betreffenden sollen auf Gerüste und Brückengeländer geklettert sein oder versucht haben, sich vor ein öffentliches Verkehrsmittel zu werfen.

Beispiele:

Wolfgang Z., 19 Jahre:
Patient wird mit dem Krankentransportwagen in Polizeibegleitung gebracht. Zitat aus dem ärztlichen Attest: „Nach einer tätlichen Auseinandersetzung mit dem Bruder stürzte sich der Patient aus dem Fenster seiner Wohnung im 3. Stock, blieb aber glücklicherweise an der Balustrade hängen. Von dort wurde er später durch die Polizei in Sicherheit gebracht. Bei dem Rettungsversuch und danach leistete er erheblichen Widerstand."

Laut Beschreibung des Zustandsbildes nach Aufnahme in die Klinik war Herr Z. „bei deutlichem Foetor alcoholicus wach, im Verhalten ruhig, in der Stimmung gedrückt, schweigsam, eine Kontaktaufnahme oder gar ein Gespräch wurden durch das Verhalten deutlich abgelehnt".

Ruth P., 62 Jahre:
Patientin wird von der Polizei gebracht, die sie zuvor aus der brennenden Wohnung geborgen hat. Zitat aus dem ärztlichen Attest: „Frau P. hat heute in suizidaler Absicht einen Wohnungsbrand gelegt und damit sich und ihren Ehemann gefährdet. Die Patientin äußert weiterhin suizidale Absichten, wie: ‚Laßt mich bitte sterben, ich möchte nur schlafen'. Anamnestisch sind bereits mehrere Selbstmordversuche mit Tabletten bekannt. Jetzt ist auslösender Faktor wohl der behinderte Sohn, der in ein Pflegeheim muß".
Bericht des Stationsarztes in der Krankengeschichte: „Die Patientin macht einen agitiert-depressiven Eindruck, klagt und beteuert immer nur, sie wolle schlafen, bis sie von nichts mehr wisse. Sie wisse auch nicht, warum sie heute morgen in ihrer Wohnung Feuer gelegt habe. Der Grund ihrer Handlung sei, daß ihr Sohn, der 28 Jahre alt und geistig behindert sei und den sie bis vor kurzem gepflegt habe, in ein Heim habe gebracht werden müssen. Jetzt habe ihr Leben keinen Sinn mehr, und sie habe sich zusammen mit ihrem Ehemann den Tod in den Flammen gewünscht".

Werden die Betreffenden durch die Polizei der Klinik zugeführt, so ist in der Aufnahmesituation ein Gespräch kaum möglich. Vielfach lehnen sie jede ärztliche Kontaktaufnahme überhaupt ab. Die Situation kann dadurch noch erschwert werden, daß der Betreffende sich in alkoholisiertem Zustand befindet. In anderen Fällen ist die Einnahme von Medikamenten nicht auszuschließen. Sind Hinweise auf wahnhaftes Erleben und Sinnestäuschungen nicht eruierbar, so kann es außerordentlich schwer bzw. unmöglich sein, die Ursachen einer hochgradigen Erregung, die sich in der Untersuchungssituation zeigt, aufzuklären. Ist sie Folge der erfolgten Zwangsmaßnahme und der damit in vielen Fällen verbundenen Gewaltanwendung? Ist sie Folge einer persönlichen Kränkung, als die der polizeiliche Eingriff erlebt wurde, oder steht sie in unmittelbarem Zusammenhang mit einer akuten psychischen Erkrankung? Wer mag dies in einer solchen Situation zu entscheiden? Der untersuchende Arzt? Sicher nicht!
Eine andere Gruppe von Personen wird wegen akuter Gefährdung ihrer körperlichen Gesundheit der Klinik zugeführt. Bei einem Teil von ihnen spielen Rauschmittel, zumeist Alkohol, ei-

ne wesentliche Rolle. Sie werden von ihren Angehörigen oder anderen Bezugspersonen, beispielsweise Mitgliedern einer Alkoholikerselbsthilfegruppe, gebracht oder auch aus anderen Krankenhäusern zur psychiatrischen Weiterbehandlung überwiesen. Nur wenige kommen aus eigenem Antrieb, lehnen jedoch häufig aufgrund mangelnder Entschlußfähigkeit zur Behandlung eine Aufnahme letztlich ab. Die Notwendigkeit zur stationären Überwachung und Aufnahme, auch gegen den erklärten Willen der Betroffenen, kann in diesen Fällen durch eine akute Intoxikation, eine schwerwiegende Verletzung, ein Schädel-Hirn-Trauma, eine drohende Herz-Kreislauf-Insuffizienz oder durch eine kontinuierliche Verschlechterung des allgemeinen Zustandes begründet sein, um nur einige besonders häufig anzutreffende Beispiele zu nennen. Dies gilt auch für alte Menschen, die in hilflosem Zustand angetroffen und über den ärztlichen Notfalldienst ohne juristische Formalitäten eingewiesen werden. Auf sich selbst angewiesen waren sie nicht mehr in der Lage, sich selbst zu versorgen, irrten im Haus und auch auf der Straße umher und waren dadurch aufgefallen. Hausbewohner oder Nachbarn verständigten einen Arzt, der die umgehende Einweisung veranlaßte. Bei der Untersuchung werden behandlungsbedürftige organische Störungen festgestellt. Außerstande, ihre eigene Situation einschätzen zu können, versuchen die Betroffenen dennoch, die Klinik zu verlassen, so daß eine Unterbringung in einer geschlossenen Abteilung erfolgen muß.

Beispiel:

Gertrud H., 77 Jahre: Die Patientin wird in Begleitung ihrer Tochter vom Krankentransportwagen gebracht. Die Tochter gibt an, Frau H. sei seit dem 68sten Lebensjahr zunehmend vergeßlich geworden. Seit einigen Monaten habe sie nur noch über die Vergangenheit geredet, zuletzt sei sie deutlich verwirrt gewesen. Am Vortage hätten Nachbarn der Patientin sie angerufen, da sie außerhalb lebe, um ihr mitzuteilen, daß der Vater krank sei und ins Krankenhaus habe gebracht werden müssen. Sie habe daraufhin ihre Mutter abgeholt und zu sich genommen. Während der

Untersuchung durch den Hausarzt am Morgen des Einweisungstages sei die Patientin völlig klar gewesen, bereits Minuten später habe sie jedoch wieder „durcheinander" gesprochen. Schließlich habe sie fortlaufen wollen, und als sie daran gehindert worden sei, habe die Patientin mit ihrer Handtasche um sich geschlagen und nach der Tochter getreten.
Bei der Aufnahme ist die Patientin laut Bericht des Stationsarztes „verwirrt, ein geordnetes Gespräch ist nicht möglich. Zur Person ist sie ausreichend orientiert, sonst desorientiert. Frau H. ist gereizt, unruhig, läuft durch die Station und versucht irgendwo hinauszukommen."

Eine dritte Gruppe, bei denen der ärztliche Bereitschaftsdienst eine Eilentscheidung über die PsychKG-Einweisung treffen muß, sind Patienten, bei denen eine akute Suizidgefährdung vorliegt. Sie werden häufig von ihren Angehörigen gebracht oder aus anderen Krankenhäusern überwiesen. Sie leiden überwiegend an einer schweren Depression. In diesem Krankheitszustand, der mit erheblichen Selbstvorwürfen, wahnhaften Schuldgefühlen, Selbstaufgabe und völliger Perspektivelosigkeit einhergehen kann, sind die Betroffenen auch nach der Aufnahme in die psychiatrische Klinik außerordentlich gequält. Raptusartige Suizidversuche sind nicht auszuschließen. Die Initialphase der Behandlung ist in diesen Fällen nur auf einer geschlossenen Station durchführbar, wozu die Patienten in der Regel ihre Zustimmung verweigern, da sie an sich jeder Behandlung skeptisch gegenüberstehen und ihre Krankheit als selbstverschuldet auffassen. Auch dann ist die Einleitung eines PsychKG-Verfahrens in der Aufnahmesituation unausweichlich.
Dies sind alltägliche Fälle der psychiatrischen Praxis. Sie betreffen Patienten, die ausnahmslos dringend behandlungsbedürftig sind, und zwar ohne weiteren Zeitverzug sofort und unmittelbar. Eine Freiwilligkeitserklärung ist aus unterschiedlichen Gründen nicht zu erlangen, die Aufnahme auf einer geschlossenen Station unausweichlich. In diesen Fällen die Betreffenden sich selbst zu überlassen würde in der Regel den Tatbestand der unterlassenen Hilfeleistung erfüllen.
Kann in diesen Fällen das PsychKG Rechtsgrundlage für die psychiatrische Behandlung sein?

4 Ordnungspolitischer Zweck der Unterbringung nach dem PsychKG

Für den Unterbringungsrichter sind allein die in § 11 PsychKG NW genannten Voraussetzungen für die Unterbringung maßgeblich, d. h. ordnungspolitische Gesichtspunkte. Die in anderen Abschnitten des PsychKG genannten *Hilfen* für psychisch Kranke betreffen dagegen Aufgaben, die den Kreisen und Städten, in erster Linie den Gesundheitsämtern zugewiesen sind. Im Einzelfall kann sich daraus eine unterschiedliche Interessenlage zwischen Arzt und Richter ergeben; dies insoweit, als ein Unterbringungsbeschluß nach dem PsychKG allein keine rechtliche Voraussetzung für eine psychiatrische Behandlung schafft, nur weil eine Behandlungsbedürftigkeit besteht, der Zustand des Patienten sich unbehandelt verschlechtern könnte oder der Patient durch seine Krankheit potentiellen Gefahren ausgesetzt ist - Gesichtspunkte, die eine für den Arzt jeweils eindeutige Entscheidungslage darstellen. Für den Arzt bleibt in all diesen Fällen keine Wahl: Er muß handeln. Das PsychKG NW ermöglicht es jedoch ausschließlich bei *gegenwärtiger* Gefahr für die öffentliche Sicherheit und Ordnung und bei einer nicht anders abwendbaren *gegenwärtigen* Gefahr der gesundheitlichen Selbstschädigung - d. h. nicht bei nur möglicher oder nicht auszuschließender Gefahr oder gesundheitlicher Schädigung - die Unterbringung durch entsprechenden Beschluß zu bestätigen.
Dem Fürsorgegesichtspunkt sollte durch die Einrichtung einer Pflegschaft Rechnung getragen werden. Gerade in einigen Fällen aber erweist sich dieses Verfahren aufgrund der zu beachtenden Verfahrensvorschriften - die Einrichtung einer sog. Eil-

pflegschaft kann eine Woche in Anspruch nehmen - als ungeeignet. Nach unserer Auffassung wäre es hilfreich, in diesen Fällen Eilunterbringungen nach dem PsychKG zu ermöglichen bis zur Überleitung in eine Pflegschaft oder auch Vormundschaft.
Eine entsprechende Regelung ist bisher gesetzlich allerdings nicht verankert.

5 Anwendung des PsychKG in drei nordrhein-westfälischen Großstädten – Unterschiede in der Handhabung

Welche Konsequenzen ergeben sich aus dieser Rechtslage für den Arzt und den Unterbringungsrichter? Konkreter: Wie ist in einzelnen Städten und Gemeinden die Anwendung des PsychKG geregelt? Existieren übereinstimmende Anwendungsvorschriften oder bestehen regionale Unterschiede?
In 3 rheinischen Großstädten stellt sich dies wie folgt dar:

Zunächst *Köln:*

a) Das PsychKG-Verfahren nach § 17 (sofortige Unterbringung ohne vorherige Anhörung)[1] wird über das Ordnungsamt eingeleitet. Die Patienten werden mit einem ärztlichen Attest – ausgestellt von einem niedergelassenen Arzt oder einem Krankenhausarzt – der Ambulanz bzw. dem Bereitschafts-

---

[1] § 17 Sofortige Unterbringung
(1) In Fällen, die eine sofortige Unterbringung notwendig machen, kann die örtliche Ordnungsbehörde diese ohne vorherige gerichtliche Entscheidung vornehmen, wenn ein ärztliches Zeugnis über einen Befund vorliegt, der nicht älter als vom Vortage ist. Will die örtliche Ordnungsbehörde in der Beurteilung über die Voraussetzungen für eine sofortige Unterbringung von einem vorgelegten ärztlichen Zeugnis abweichen, hat sie das Gesundheitsamt zu beteiligen.
(2) Nimmt die örtliche Ordnungsbehörde eine sofortige Unterbringung vor, ist sie verpflichtet, unverzüglich beim Amtsgericht einen Antrag auf Unterbringung zu stellen. Ist die Unterbringung und deren sofortige Wirksamkeit nicht bis zum Ablauf des auf den Beginn der sofortigen Unterbringung folgenden Tages durch das Gericht angeordnet, so ist die betroffene Person durch den Leiter des Krankenhauses oder der Anstalt, bei Krankenhäusern oder Anstalten mit selbständigen Abteilungen durch den leitenden Abteilungsarzt zu entlassen.

dienst der Klinik zugewiesen. In anderen Fällen werden sic von der Polizei, der Feuerwehr oder auch den Angehörigen in die Klinik gebracht, ohne daß ein entsprechendes Unterbringungsverfahren eingeleitet worden wäre.

In allen Fällen, d. h. auch in den Fällen, bei denen bereits ein ärztliches Zeugnis vorliegt, wird durch eine Aufnahmeuntersuchung geklärt, ob die Voraussetzungen nach dem PsychKG tatsächlich erfüllt sind, d. h. ob aus Gründen einer Psychose oder einer psychischen Erkrankung, die einer Psychose gleichkommt, Eigen- oder Fremdgefährdung besteht.

Liegt ein Antrag nach § 17 PsychKG NW bereits vor, so werden diese Patienten nach entsprechender psychiatrischer und körperlicher Untersuchung stationär aufgenommen.

b) Sind die Voraussetzungen der Unterbringung nach dem Ergebnis der psychiatrischen Untersuchung erfüllt, ohne daß ein entsprechender Antrag vor der Klinikzuweisung gestellt worden ist oder aus Zeitgründen nicht gestellt werden konnte, so wird dieser Antrag mit ärztlicher Begründung noch *vor* der Aufnahme des Patienten bei dem zuständigen Ordnungsamt gestellt. Außerhalb der Dienstzeiten, nachts und an Wochenenden wird dieser Antrag telefonisch dem diensttuenden Beamten der Feuerwache durchgegeben und die formale Einwilligung eingeholt. Erst dann wird der Patient aufgenommen. In diesen Fällen wird das schriftliche Attest am nächsten Tag durch Boten dem Ordnungsamt zugeleitet. Im Laufe des auf die Einweisung folgenden Tages erfolgt die richterliche Genehmigung der Unterbringung in der Regel nach vorheriger Anhörung des Patienten in der Klinik. Ist dies nicht möglich (an Wochenenden, Sonn- und Feiertagen), so wird die richterliche Einweisungsverfügung durch den jeweils diensttuenden Richter des Amtsgerichts telefonisch der Klinik durchgegeben. Dies gilt in der Regel auch für alle Fälle, in denen ein Unterbringungsbeschluß durch richterliche Entscheidung aufgehoben wird.

c) Die Umwandlung einer Unterbringung nach dem PsychKG in eine Pflegschaft während des Anhörungstermins durch den Unterbringungsrichter ist in Köln nicht möglich, da beide Verfahren getrennten Geschäftsbereichen des Amtsgerichts zugeordnet sind. Die Einleitung eines Pflegschaftsverfahrens nimmt in der Regel eine bis mehrere Wochen in Anspruch.

Im Punkt a) ist das Unterbringungsverfahren nach dem PsychKG in den 3 Großstädten Köln, Essen und Düsseldorf identisch geregelt. In Düsseldorf besteht ein wesentlicher Unterschied zu der in Köln getroffenen Regelung darin, daß bei Aufnahme eines Patienten nach dem PsychKG durch die Ärzte der psychiatrischen Klinik keine telefonische Vorabgenehmigung bei dem zuständigen Ordnungsamt *vor* Aufnahme des Patienten auf eine geschlossene Station eingeholt wird. Das ärztliche Attest wird am nächsten Tag per Boten der zuständigen Ordnungsbehörde zugeleitet.
Ein anderer Unterschied besteht darin, daß Notfallpatienten häufig in einer geschlossenen Station aufgenommen werden, ohne daß eine entsprechende Unterbringungsverfügung oder eine Einverständniserklärung vorliegen. Erst am nächsten Tag wird in diesen Fällen entschieden, ob bei fortbestehender Selbst- oder Fremdgefährdung aufgrund einer Psychose oder einer psychischen Störung, die einer Psychose gleichkommt, eine Unterbringung nach dem PsychKG beantragt werden muß, ob der Patient von sich aus eine Freiwilligkeitserklärung abgibt oder aber seine Verlegung auf eine offene Station möglich ist. Bei einem Großteil der Patienten erübrigt sich die Unterbringung nach dem PsychKG bereits am darauffolgenden Tag, da die zur Einweisung führende Notfallsituation dann bereits wieder abgeklungen ist.
Besonders hervorzuheben ist, daß in Düsseldorf die sofortige Einrichtung einer Pflegschaft im Anhörungstermin des Unterbringungsrichters möglich ist (Gebrechlichkeitspflegschaft mit

dem Wirkungskreis der Aufenthaltsbestimmung und Behandlung), sofern bei dem betreffenden Patienten eine Geschäftsunfähigkeit vorliegt und eine Person genannt werden kann, die zur Übernahme der Pflegschaft bereit ist.
Wie in Düsseldorf, so wird auch in Essen verfahren. Auch hier werden juristische Maßnahmen bei Notfallpatienten erst an dem auf die Aufnahme folgenden Tag getroffen, wobei auch hier die im Einzelfall inzwischen eingetretenen positiven Veränderungen durch die Therapie wesentlich ins Gewicht fallen und die Einleitung eines PsychKG-Verfahrens in einem nicht geringen Teil der Fälle entbehrlich macht, entweder weil inzwischen eine so weitgehende Entaktualisierung eingetreten ist, daß die weitere Behandlung auf einer offenen Station erfolgen kann, oder aber daß von dem Patienten eine rechtserhebliche Freiwilligkeitserklärung abgegeben wird. In jedem Fall wird nach den durch das PsychKG eingeräumten Möglichkeiten verfahren, unter Ausnutzung der vom PsychKG geforderten Fristen. Als besonderer Vorteil erweist es sich, daß in beiden Städten, anders als in Köln, Unterbringungs-, Pflegschafts- und Vormundschaftsverfahren in einem Geschäftsbereich zusammengefaßt sind, so daß eine unmittelbare Umwandlung der einen in eine andere Rechtsgrundlage während eines laufenden Verfahrens möglich ist; beispielsweise direkt im Anhörungstermin durch den Unterbringungsrichter, wie in Essen, sofern Angehörige beim Termin anwesend sind, die einen entsprechenden Antrag stellen und bereit sind, die beantragte Pflegschaft zu übernehmen.
Der wesentliche Unterschied gegenüber Köln besteht aber darin, daß hier *vor* jeder Aufnahme auf einer geschlossenen Station der Unterbringungsantrag gestellt sein *muß*, während in Düsseldorf und Essen den behandelnden Ärzten die Möglichkeit eingeräumt wird, mit der Behandlung auf einer geschlossenen Station zu beginnen. Erst am folgenden Tag ist unter Wahrung der vom Gesetz geforderten Frist ein entsprechender Antrag zu stellen, sofern er dann überhaupt noch erforderlich ist.

Führt man sich vor Augen, in welchem Maße ein Großteil akuter psychiatrischer Notfallsituationen innerhalb weniger Stunden therapeutisch abzufangen ist, so werden die Vorteile dieser Verfahrenspraxis offenkundig. Sie ersparen den Patienten unnötige, andernfalls in Kauf zu nehmende Nachteile, die sich als Konsequenzen aus einer Unterbringung nach dem PsychKG ergeben.

In anderen Fällen erleichtert die unmittelbare Umwandlung einer Unterbringung in eine Gebrechlichkeitspflegschaft die Fortsetzung einer als notwendig erachteten Behandlung auch dann, wenn nicht mehr bestehende Selbst- oder Fremdgefährdung die Aufhebung eines entsprechenden Unterbringungsbeschlusses rechtfertigen. Die Kontinuität der Behandlung wird dadurch auch über die Notfallsituation oder aber initial bestehende Selbst- oder Fremdgefährdung hinaus ermöglicht, vorzeitige Entlassungswünsche oder Behandlungsabbrüche verhindert.

Die Handhabung in Düsseldorf und Essen führt dazu, daß insgesamt weniger PsychKG-Unterbringungen beantragt werden als in Köln.

6 Konsequenzen der Unterbringung nach dem PsychKG

Im Hinblick auf die Konsequenzen, die sich aus einer PsychKG-Unterbringung für den Betroffenen nach seiner Entlassung ergeben können, ist grundsätzlich die Zusammenarbeit zwischen Ordnungsamt und Gesundheitsamt als problematisch anzusehen. Auch nach dem 1980 erfolgten Verbot der bis dahin üblichen Meldung an das Bundeszentralregister sind insbesondere durch die regional bestehenden Unterschiede in der Handhabung Unsicherheiten bei den Betroffenen nicht ausgeräumt worden. So hat beispielsweise erst ein Erlaß des zuständigen Ministers für Arbeit und Soziales in Nordrhein-Westfalen geregelt, daß die Straßenverkehrsbehörden nicht automatisch von den Ordnungsämtern über Zwangsunterbringungen informiert werden dürfen. Unklar geblieben ist bis heute auch, ob und wann Sozialversicherungsträger und Krankenkassen von einer Unterbringung Kenntnis erlangen. Ob alle Auflagen der Datenschutzgesetze hinlänglich beachtet werden, steht dahin. Alle in diesem Zusammenhang erhobenen Bedenken sind keineswegs zufriedenstellend ausgeräumt worden. Im Hinblick auf die besondere Tragweite, die eine Unterbringung als weitgehender Eingriff in das Persönlichkeitsrecht hat, sollte alles darangesetzt werden, das in diesem Zusammenhang Notwendige umgehend nachzuholen.

7 Empirische Analyse der Unterbringungen nach dem PsychKG in Köln

Eine von Heiliger und Holzschneider (in Vorbereitung) an der Rheinischen Landesklinik Köln durchgeführte Analyse der rund 1200 Unterbringungsverfahren nach dem PsychKG NW im Jahre 1983 erbrachte empirische Belege über die Umstände der Unterbringungen, die Verfahrenspraxis und den betroffenen Personenkreis.

84% der Verfahren zur zwangsweisen Unterbringung bezogen sich auf Klinikneuzugänge. In 16% dagegen befanden sich die Patienten bereits freiwillig in stationärer Behandlung, als sie in einen Zustand gerieten, der eine Zwangsunterbringung in einer geschlossenen Station erforderlich machte.

60% der Patienten kamen 1983 erstmalig in ihrem Leben mit dem PsychKG in Berührung. Bei den restlichen Fällen verteilt sich die Anzahl der vorausgegangenen Unterbringungen (v. U.) wie folgt:

- 1 v. U.	16%,
- 2 v. U.	9%,
- 3 v. U.	5%,
- 4 v. U.	3%,
- 5 und mehr v. U.	7%.

Etwa 8% der Patienten mußten sogar im Untersuchungszeitraum Januar bis Dezember 1983 mehrmals zwangsweise untergebracht werden, einzelne Patienten bis zu 7mal.

75% der Patienten, bei denen letztlich eine Unterbringung nach PsychKG beantragt wurde, kamen mit einer ärztlichen Einwei-

sung in die Rheinische Landesklinik Köln. In 25% der Fälle wurden die Patienten von Polizei, Feuerwehr oder ihren Angehörigen direkt in die Klinik gebracht, ohne vorher von einem Arzt untersucht worden zu sein.
Die *ärztlichen Einweisungen* kamen aus folgenden Bereichen:

- niedergelassene Nervenärzte	8%,
- andere niedergelassene Ärzte	15%,
- Gesundheitsamt	6%,
- Krankenhausambulanzen	31%,
- andere Krankenhäuser, stationär	13%,
- sonstige (Truppenarzt, Notarzt)	2%,
- ohne ärztliche Einweisung	25%.

Der hohe Anteil an Einweisungen durch andere Krankenhaus-Ambulanzen kommt dadurch zustande, daß viele hilflose, verwirrte, delirante oder suizidale Patienten zunächst in den zuständigen Stadtteilkrankenhäusern eingeliefert werden und bei Eigen- oder Fremdgefährdung von den dort tätigen Ambulanzärzten in die Rheinische Landesklinik überwiesen werden. Naturgemäß handelt es sich dabei im wesentlichen um Internisten.
Bei 60% der Patienten, die mit einer ärztlichen Einweisung in die Klinik kamen, war auch schon ein sog. ärztliches Zeugnis für den Antrag auf Unterbringung erstellt worden, zu ⅓ von niedergelassenen Ärzten, zu ⅔ von Ärzten in Allgemeinkrankenhäusern.
Wer erstellt das *ärztliche Zeugnis für den Antrag auf Unterbringung* nach PsychKG? Aufschlüsselung (%):

- Rheinische Landesklinik - Ambulanz	17%,
- Rheinische Landesklinik - Bereitschaftsdienst	27%,
- Rheinische Landesklinik - Stationsärzte[1]	11%,

[1] Bei schon in der Rheinischen Landesklinik zunächst freiwillig behandelten Patienten.

- sozialpsychiatrischer Dienst	7%,
- niedergelassene Nervenärzte	4%,
- nichtpsychiatrische Kliniken	26%,
- andere niedergelassene Ärzte	5%,
- sonstige	3%.

Insgesamt mußten in etwa der Hälfte der Unterbringungsverfahren die ärztlichen Zeugnisse erst in der Aufnahmesituation von Ärzten der Rheinischen Landesklinik Köln ausgefertigt werden.
Von den sog. Tatbestandsmerkmalen, die einen Antrag auf Unterbringung begründen, spielt in 40% der Fälle eine Suizidproblematik die entscheidende Rolle, in 25% ernstzunehmende Androhung von Gewalt oder Angriffe gegen Personen, in 25% Desorientiertheit und Verkennung von Situationen und Personen (entweder im Rahmen eines paranoiden, eines dementiellen oder eines deliranten Syndroms).
In 25% der Fälle wurden die für den PsychKG-Antrag entscheidenden Vorgänge und Tatbestände von den Angehörigen mitgeteilt, in einem weiteren Viertel von Polizei und Feuerwehr. In 27% der ärztlichen Zeugnisse wurden keine konkreten aktuellen Ereignisse mitgeteilt, sondern es fanden sich lediglich abstrakte Beschreibungen eines Gefährdungsaspekts.
60% der Patienten waren bei eindeutiger Indikation zur geschlossenen Unterbringung nicht zu einer freiwilligen Aufnahme bereit, 40% der Patienten wurden in der Aufnahmesituation und -untersuchung als willenlos beschrieben.
Schematische Zuordnung der Krankheitsbilder bei der Aufnahme:

- Psychose	32%,
- psychische Störung, die in den Auswirkungen einer Psychose gleichkommt	47%,
- Suchtkrankheit	20%,
- Schwachsinn	1%.

Der weitere Weg des ärztlichen Antrags auf Unterbringung hängt zunächst von Tag und Uhrzeit seiner Erstellung ab. ⅔ aller Anträge auf sofortige Unterbringung fallen an Wochenenden bzw. an Feiertagen oder in der Woche außerhalb der Dienstzeiten des Ordnungsamtes an, so daß für diese Anträge bis zum Beginn des nächsten Arbeitstags lediglich die formale Einwilligung des Beamten der Feuerwache eingeholt werden kann.

Die Untersuchung erbrachte weiter, daß 98% der Unterbringungsverfahren nach § 17 des PsychKG NW („sofortige Unterbringung") zustande kamen. Diese Unterbringungen erfolgten daher ohne vorherige gerichtliche Anordnung.

Nur in 2% der Fälle ließen die Umstände eine vorherige gerichtliche Entscheidung gemäß § 18 des PsychKG NW („einstweilige Unterbringung") zu, meist aufgrund von Anträgen, die das Gesundheitsamt an das Amtsgericht direkt richtete.

Bei der für den einer „sofortigen Unterbringung" folgenden Tag gemäß § 17 PsychKG NW vorgeschriebenen richterlichen Überprüfung wurde in 19% der Fälle der Unterbringungsbeschluß wieder aufgehoben, weil schon innerhalb eines Tages eine ausreichende Entaktualisierung eingetreten war und keine Gefährdung im Sinne des PsychKG mehr vorlag.

In 81% der Fälle wurde die sofortige Unterbringung zunächst in eine einstweilige Unterbringung nach § 18 umgewandelt.

Die Aufhebung der Unterbringungsbeschlüsse nach § 18 wiederum erfolgte in mehr als der Hälfte der Fälle innerhalb der ersten Woche nach Erlaß. Schon am ersten Tag nach Beschlußfassung konnte die einstweilige Unterbringung bei 25% der Fälle aufgehoben werden, weil die Patienten einer Weiterbehandlung in rechtserheblicher Weise zugestimmt hatten oder bereits entlassen werden konnten.

Nimmt man die Zahl der nicht bestätigten sofortigen Unterbringungen und die Zahl der nach einem Tag schon wieder aufgehobenen einstweiligen Unterbringungen zusammen, so ergibt sich, daß etwa 40% aller Unterbringungen nach PsychKG spä-

testens am dritten Tag nach ärztlicher Antragstellung wieder aufgehoben sind.
Die Umwandlung einer Unterbringung nach PsychKG in eine andere Rechtsgrundlage (Pflegschaft, Vormundschaft) war nach Ablauf der auf 2 Monate begrenzten PsychKG-Unterbringung nur noch in 4,6% der Fälle erforderlich.

8 Fürsorgegedanke und Ordnungsgedanke zur Abgrenzung von PsychKG-Unterbringung und vormundschaftsgerichtlicher Unterbringung aus der Sicht des Vormundschaftsrichters

Wie bereits oben erwähnt, bezieht sich die Unterbringung nach den Vorschriften des PsychKG allein auf den Gefährdungstatbestand. Dabei wird in der Tradition der geschichtlichen Entwicklung aus einer sicherheitspolizeilichen Betrachtung heraus auf die Gefahrenabwehr für die Allgemeinheit und/oder den Einzelnen abgestellt (vgl. § 1 Ziff. 3 PsychKG NW). Demgegenüber liegt das Schwergewicht der Unterbringung durch Vormund oder Pfleger in der Fürsorge für den Kranken. Maßgebend für Erteilung, Versagung und Dauer der Unterbringungsgenehmigung gemäß § 1631 b, 1800 BGB ist allein das Wohl des Betroffenen.

In der Praxis der Anwendung beider Unterbringungsarten zeigt sich in der Mehrzahl der Fälle jedoch, daß eine klare Abgrenzung zwischen vormundschaftsgerichtlicher Unterbringung und Unterbringung gemäß PsychKG oft nicht möglich ist und es vielfach zu Überschneidungen kommt. So dient die Unterbringung durch Pfleger oder Vormund mit der Forderung nach Beachtung des Wohles des Betroffenen zwar hauptsächlich fürsorgerischen Zwecken; jedoch sind häufig auch Gründe der Gefahrenabwehr für den Betroffenen selbst oder für andere Personen bei der vormundschaftsgerichtlichen Unterbringung mitbestimmend, wenngleich nicht Voraussetzung. Andererseits ergibt sich aus dem Wortlaut des PsychKG NW und aus der Art der Auslegung, die dieses Gesetz im Lauf der Zeit in der Praxis der Rechtsprechung gefunden hat, daß auch fürsorgerische Gesichtspunkte neben dem sicherheitspolitischen Ausgangspunkt bei der Unterbringung Eingang gefunden haben. Dies betrifft

v. a. die Fallgruppe der Selbstgefährdung. Auch in einem krankhaften Verhalten gegen sich selbst kann nach § 11 Abs. 1 PsychKG NW eine gegenwärtige Gefahr für die öffentliche Sicherheit und Ordnung erblickt werden, die nach dem ausdrücklichen Wortlaut des Gesetzes nicht nur in einer Selbstmordgefahr, sondern auch in einer erheblichen gesundheitlichen Schadenszuführung gegenüber der eigenen Person besteht. Daher sind in einer Vielzahl der Fälle, in denen infolge einer psychischen Erkrankung für den Einzelnen eine gegenwärtige erhebliche Gesundheitsgefahr besteht, sowohl eine Unterbringung nach dem PsychKG als auch eine Unterbringung des Betroffenen durch Vormund oder Pfleger denkbar.

Eine rein fürsorgerische Unterbringung durch das Vormundschaftsgericht wird dann in Betracht kommen, wenn zwar keine gegenwärtige Gesundheitsgefahr für den Betroffenen vorliegt, jedoch eine geschlossene Unterbringung gleichwohl dem wohlverstandenen Interesse des Pfleglings oder Mündels dient, um erhebliche künftige Nachteile oder Schädigungen für seine Gesundheit abzuwenden. Sind andererseits die Voraussetzungen einer Unterbringung nach dem PsychKG gegeben, so liegen auch die gesetzlichen Voraussetzungen einer Unterbringung durch Vormund oder Pfleger vor.

Es stellt sich mithin vielfach die Frage der Konkurrenz bei der Unterbringungsart. Hierbei muß zunächst berücksichtigt werden, daß die Regelung des § 1800 BGB erst durch das Familienänderungsgesetz vom 11.8. 1961 eingeführt worden ist, nachdem das Bundesverfassungsgericht ausgesprochen hatte, daß auch der Vormund für die Unterbringung eines volljährigen Entmündigten in einer geschlossenen Anstalt einer richterlichen Genehmigung bedürfe. Ist daher ein Vormund oder Pfleger vorhanden, so hat dieser den Antrag auf geschlossene Unterbringung beim Vormundschaftsgericht zu stellen. Insofern ist mit der herrschenden Meinung ein ordnungspolizeiliches Eingreifen subsidiär. Das Verfahren nach dem PsychKG hat in diesem Falle zurückzutreten. Liegen andererseits die Voraussetzungen für eine PsychKG-Unterbringung vor und sind ein Vormund oder Pfleger noch nicht vorhanden, so wird die betreibende Stelle (Krankenhaus, Angehörige, Nachbarn) zweckmäßigerweise bei gegenwärtiger Gesundheitsgefahr für den Betroffenen zunächst die Unterbringung nach PsychKG veranlassen, vorbehaltlich einer späteren Einleitung einer vormundschaftsgerichtlichen Unterbringung nach Fristablauf der PsychKG-Unterbringung.

Fürsorgegedanke und Ordnungsgedanke beherrschen das gesamte Unterbringungsrecht. Ob und wie lange jemand geschlossen untergebracht wird, haben Gerichte und Mediziner gemeinsam zu beantworten. Ob und in welchem Umfang ein Fürsorgebedürfnis vorliegt, kann eine der schwierigsten Fragen werden, wenn es z. B. darum geht, einen alten Menschen aus seiner gewohnten Umgebung herauszureißen oder einen psychisch Kranken, der seiner Umgebung nur in geringem Maße zur Last fällt, gegen seinen Willen behandeln zu lassen. Der Schaden, der durch eine geschlossene Unterbringung eines Patienten angerichtet werden kann, mag manchmal größer sein als der zu erwartende Behandlungserfolg. Nicht jede geistige Erkrankung bedarf auch der Behandlung. Nach dem Wortlaut von § 11 Abs. 1 PsychKG NW rechtfertigt die fehlende Bereitschaft, sich behandeln zu lassen, allein keine Unterbringung. Dies sollte auch im Bereich der vormundschaftsgerichtlichen Unterbringung gelten. Etwas anderes gilt dann, wenn die Nichtbehandlung eine erhebliche Beeinträchtigung der Gesundheit zur Folge hätte, wobei u. a. das bereits gezeigte oder zu erwartende Fehlverhalten des Kranken zu berücksichtigen ist. Über alledem steht der Grundsatz der Verhältnismäßigkeit des Mittels. Falls eine geschlossene Unterbringung zunächst erforderlich sein sollte, so wird ständig zu überprüfen sein, ob nicht auch eine offene oder halboffene Unterbringung gerechtfertigt ist, insbesondere wenn der Patient Krankheitseinsicht zeigt.

9 Gegenüberstellung von vormundschaftsgerichtlicher und PsychKG-Unterbringung aus ärztlicher Sicht

Abgesehen von den Problemen, die sich aus der unterschiedlichen Handhabung des PsychKG ergeben, hat sich dieses Verfahren vielfach als ungeeignetes Instrument erwiesen. Die Gründe dafür wurden von uns eingehend diskutiert. Sie waren Anlaß, immer wieder nach Alternativen zu suchen; etwa die Möglichkeiten auszuloten, die familienrechtliche Lösungen gegenüber dem nach überwiegender Auffassung immer noch viel zu häufig eingesetzten PsychKG-Verfahren haben könnten. Als familienrechtliche Lösungen kämen in erster Linie Pflegschaften und Vormundschaften in Betracht. Ihre Voraussetzungen sind gesetzlich definiert. Ein Vergleich der Gesetzestexte läßt die trennenden ebenso wie die sich überschneidenden Aspekte erkennbar werden (s. Tabelle 1).

Aus Tabelle 1 geht hervor, daß Unterbringungsmaßnahmen zwei Voraussetzungen zur Grundlage haben müssen: Es muß eine seelische Erkrankung oder eine seelische Störung von Krankheitswert vorliegen, und es muß ein bestimmtes, daraus ableitbares Verhalten nachweisbar sein.
Auf die Diagnose, u. U. selbst auf das krankhafte Erleben des Betroffenen kommt es im einzelnen nicht an. Allein dies festzustellen, kann außerordentlich schwierig sein. Letztlich liegt die Entscheidung darüber in ärztlicher Hand und damit allein in ärztlichem Ermessen. So gibt es durchaus radikale und extreme Lebensauffassungen mit entsprechenden Verhaltensweisen, die in der Öffentlichkeit Ärgernis erregen und als krankhaft angesehen werden, die aus psychiatrischer Sicht aber keinerlei Krank-

Tabelle 1. Gegenüberstellung von Unterbringungsvoraussetzungen

Gesetzes §§	PsychKG NW § 1	Vormundschaft § 6 Abs. 1 BGB	Pflegschaft § 1910 Abs. 2 BGB
Erkrankung	Psychose, psychische Störung, die in ihren Auswirkungen einer Psychose gleichkommt, Suchtkrankheit, Schwachsinn	1) Geisteskrankheit oder Geistesschwäche, 2) Verschwendung, 3) Trunksucht oder Rauschgiftsucht	Geistiges oder körperliches Gebrechen
Auswirkungen	Gegenwärtige Gefahr für die öffentliche Sicherheit oder Ordnung durch das krankhafte Verhalten gegen sich oder andere, Selbstmordgefahr, Gefahr erheblichen gesundheitlichen Schadens	ad 1) Unvermögen, seine Angelegenheiten zu besorgen, ad 2) Gefahr des Notstands für sich oder Familie, ad 3) wie 1) oder 2) oder Gefährdung der Sicherheit anderer	Unvermögen, einzelne oder einen bestimmten Kreis seiner Angelegenheiten zu besorgen
Beendigung	Bei Wegfall der Unterbringungsvoraussetzungen		
	nach 2 Jahren spätestens (bei psychischen Störungen und Suchtkrankheiten spätestens nach 1 Jahr); Möglichkeit der Überleitung in vormundschaftsgerichtliches Verfahren; vorläufige Entlassung mit Auflagen	bzw. unbegrenzt	bzw. unbegrenzt

heitswert haben. Doch dies voneinander zu unterscheiden, kann außerordentlich schwierig sein und auch einen erfahrenen Arzt und Psychiater vor fast unlösbare Probleme und Aufgaben stellen. Andererseits gibt es eine Reihe von außerordentlich schwerwiegenden psychischen Erkrankungen, die auch dann, wenn sie zu erheblichen Verhaltensauffälligkeiten führen, keineswegs die vom Gesetzgeber geforderten Unterbringungsvoraussetzungen erfüllen.

Wie wir gesehen haben, bezieht sich das eine Unterbringung begründende krankhafte Verhalten einerseits auf Fremd-, andererseits auf Eigengefährdung. Aus Tabelle 1 ist ersichtlich, daß im PsychKG die Fremdgefährdung, im Familienrecht dagegen die Selbstgefährdung mit ihren verschiedenen Ausprägungsformen überwiegt. Darüber hinaus berücksichtigen die familienrechtlichen Verfahren, die - wie wir gesehen haben - vornehmlich dem Schutz psychisch Kranker dienen, auch Aspekte der Fremdgefährdung (z. B. Gefährdung der Sicherheit Dritter durch Alkoholiker) oder zumindest des Schutzes Dritter (z. B. der Familie). Welche Möglichkeiten sich bei einer weitergehenden Ausschöpfung familienrechtlicher Lösungen zugunsten der Patienten ergeben könnten, wird nachfolgend ausführlich zu besprechen sein. Bisher entscheiden überwiegend pragmatische Gesichtspunkte über die Wahl des einen oder anderen Verfahrens. Ein beträchtlicher Ermessensspielraum ist dabei nicht zu übersehen. Voraussetzung für eine Verbesserung der Verfahrenspraxis wäre allerdings, daß die einzelnen Verfahrensschritte im Familienrecht auch auf örtlicher Ebene transparenter und damit auch praktikabler werden.

10 Umwandlung der PsychKG-Unterbringung in eine andere Rechtsgrundlage und Möglichkeiten zur Behandlung auf familienrechtlicher Grundlage aus der Sicht des Richters

In allen Fällen einer bestehenden PsychKG-Unterbringung ist einer möglichen Änderung dieser Rechtsgrundlage jederzeit besondere Aufmerksamkeit zuzuwenden.

- Eine rechtserhebliche *Freiwilligkeitserklärung* ist immer zu beachten, wenn wegen der vorhandenen Einsicht des Patienten nicht mit einem alsbaldigen Widerruf gerechnet zu werden braucht; hat der Untergebrachte schon einen Vormund oder Aufenthaltspfleger, bedarf es aber auch dessen Zustimmung zu einer Freiwilligkeitserklärung des Mündels.
  Entgegen der Auffassung des Landschaftsverbandes Rheinland (III.1.2 a.E. der Allgemeinen Rundverfügung Nr. 52) ist aus Art. 104 GG/§ 10 Abs. 1 PsychKG abzuleiten, daß ein Widerruf auch dann beachtlich ist, wenn dem Untergebrachten zur Zeit des Widerrufs die Fähigkeit zur natürlichen Willensbildung gänzlich fehlt.
- In den übrigen Fällen verpflichtet nach Ansicht von Wiebe die von der Rechtsordnung vorgegebene Subsidiarität der Unterbringung nach PsychKG, in jedem Fall nach Möglichkeit ihrer *Umwandlung in eine Unterbringung nach dem BGB* Ausschau zu halten, da im PsychKG der Gesichtspunkt der verantwortlichen persönlichen Fürsorge durch einen Vormund oder Pfleger keinen Platz hat. Diesem Gesichtspunkt sollte nach Wiebe grundsätzlich Vorrang eingeräumt werden (vgl. Wiebe 1981).
  In der Regel sollte die Umwandlung durch eine einfache Benachrichtigung des Vormundschaftsgerichts mit dem Ziel der

Einrichtung einer Gebrechlichkeitspflegschaft zur Aufenthaltsbestimmung und Einwilligung in ärztliche Behandlungsmaßnahmen in die Wege geleitet werden; in seltenen Fällen kann aber auch eine solche des Staatsanwalts oder der Sozialämter in Betracht kommen.

Kann einerseits die geschlossene Unterbringung einer Person ohne ausreichende Rechtsgrundlage als unzulässige Verwahrungsvollstreckung im Amt nach § 345 Abs. 1 oder 2 StBG auch bei bloßer Leichtfertigkeit strafbar sein und den Staatsanwalt besonders dann auf den Plan rufen, wenn sich ein Untergebrachter oder Dritter beschwerdeführend an ihn wendet, so obliegt der Staatsanwaltschaft andererseits auch eine sozialstaatliche Verpflichtung solchen Personen gegenüber, die ihrer geistigen Hilflosigkeit wegen des umfassenden Schutzes einer Vormundschaft bedürfen. Das Gesetz räumt in § 646 Abs. 2 ZPO dem Staatsanwalt die Befugnis ein, die er pflichtgemäß wahrzunehmen hat, bei Gericht Entmündigungsanträge in jedem Fall dann zu stellen, wenn es nicht antragsberechtigte Angehörige tun; an die Stelle des Staatsanwalts tritt gemäß § 680 Abs. 5 ZPO für Verschwender sowie Trunk- und Rauschgiftsüchtige nach landesgesetzlichen Vorschriften die Fürsorgebehörde (Sozialamt). In geeigneten Fällen umfassenden Unvermögens, die eigenen Angelegenheiten sachgerecht selbst zu besorgen, kann es durchaus geboten sein, dem Staatsanwalt (bzw. Sozialamt) den Sachverhalt zu unterbreiten, um die Bestellung eines (zunächst vorläufigen, § 1906 BGB) Vormunds zu erreichen, der als gesetzlicher Vertreter zugleich besonders dazu geeignet ist, über die Frage der reinen Freiheitsentziehung hinaus Vermittler zwischen dem Patienten und seinem Umfeld, darunter auch der Klinik, im Hinblick auf ärztliche Behandlungsmaßnahmen und ihre vertraglichen Grundlagen zu sein.

Eine Entmündigung stellt sich aber als umfassender, Menschenwürde, Handlungsfreiheit und bürgerliche Existenz schlechthin berührender Eingriff in die Rechtsstellung des

Betroffenen dar. Die Zurückhaltung der Entmündigungspraxis in der Bundesrepublik ist daher zu begrüßen: Eine Auswertung der Rechtspflegestatistiken des Statistischen Bundesamts läßt auf eine Zahl von nur annähernd 100000 entmündigten Bürgern in der Bundesrepublik schließen, von denen wiederum sicherlich nur ein Bruchteil untergebracht ist; mehr als 90% aller Entmündigungen entfallen auf Geisteskrankheit und -schwäche, weniger als 1% auf Verschwendung.

Im Einzelfall kann dennoch und sollte notfalls auch auf diesem Wege schnell geholfen werden: Der Eingang eines vom Staatsanwalt mit Hilfe eines ärztlichen Attestes gestellten Entmündigungsantrags bei Gericht unter gleichzeitiger Verständigung des Vormundschaftsrichters gibt letzterem schon die Möglichkeit, über §§ 1986, 1846 BGB rasch und unbürokratisch die Unterbringung und sofortige ärztliche Behandlung bei Gefahr im Verzuge zu veranlassen, ohne jede Vernachlässigung und Gefährdung etwa der sonstigen, vielleicht dringend regelungsbedürftigen Interessen des Betroffenen, z.B. wenn der Vermieter schon die Wohnung räumen läßt oder Fristen rechtsgeschäftlicher oder prozessualer Art ablaufen.

Das PsychKG überspielt demgegenüber in verfassungsrechtlich bedenklicher Weise die erforderliche Einwilligung in die ärztliche Behandlung, wenn es § 26 PsychKG NW einerseits die „rechtlich zulässige" Behandlung ermöglicht und fordert, in Abs. 2 a.a.O. aber nur für schwerwiegende ärztliche Eingriffe eine Einwilligung der betroffenen Person verlangt. Ohne eine solche Einwilligung ist eine Heilbehandlung gleich welcher Art auch insoweit nicht zulässig, als sie mit dem Zweck der Unterbringung nur *vereinbar* ist. Unterbringungszweck ist die Gefahrenabwehr des § 11 Abs. 1 und 2 PsychKG NW. Nur eine dem Unterbringungszweck dienende, d.h. seine Auswirkungen mindernde Behandlung der zugrundeliegenden Erkrankung kann also ohne schwerwiegende Eingriffe und ohne die Einwilligung des Patienten im Rahmen des Vorbehalts des § 42 PsychKG NW gegen oder ohne seinen Willen rechtlich zulässig sein. Auch sie ist nach dem Wortlaut des Gesetzes nur „während der Unterbringung“ erlaubt. Den Begriff der Unterbringung bestimmt § 10 PsychKG NW.

Eine über den Unterbringungszweck oder die Unterbringungsdauer im wohlverstandenen gesundheitlichen Interesse des Kranken gleichwohl gebotene Behandlung, wie eine etwa indizierte stationäre Behandlung in einem beliebigen Krankenhaus, ist - ob sie nun einer Gefahrenabwehr im Sinne des § 11 PsychKG NW dient oder nicht - ohne oder gegen den Willen des psychisch Kranken grundsätzlich nur auf dem Wege einer Vormundschaft oder einer solchen Pflegschaft rechtlich möglich, deren Wirkungskreis die Zustimmung zu ärztlichen Behandlungsmaßnahmen zum Gegenstand hat.

11 Voraussetzungen der Unterbringung nach PsychKG oder aufgrund eines vormundschaftsgerichtlichen Beschlusses und Einschätzung der Vor- und Nachteile für den Patienten aus der Sicht des Richters

Im folgenden wird an Tabelle 1 angeknüpft. Von Wiebe wird betont, daß rechtlich der Vorrang der vormundschaftsgerichtlichen Unterbringung zu beachten ist, dem auch die Rundverfügung Nr. 52 a. a. O. Rechnung trägt. Das ist in allen Fällen unproblematisch, in denen eine Vormundschaft oder eine vorläufige Vormundschaft oder eine Pflegschaft mit dem Wirkungskreis mindestens der Aufenthaltsbestimmung besteht, der vormundschaftsgerichtlich meist mühelos um die Einwilligung in ärztliche Behandlungsmaßnahmen erweitert werden kann.
Ist mit dem Aufschub der Unterbringung Gefahr verbunden, kann der Genehmigungsbeschluß des Vormundschaftsgerichts unverzüglich nachgeholt werden; eine Bindung an die Tagesfrist des § 17 PsychKG NW besteht nicht (Art. 104 GG).
Besteht zum Zeitpunkt der Unterbringung keine Vormundschaft oder Pflegschaft, gibt es verschiedene Möglichkeiten.
Vorab sind begrifflich unter Vernachlässigung der hier nicht interessierenden Sachverhalte Verschwendung und körperliche Gebrechen die einander überschneidenden Krankheitsbilder zu entwirren, an die die Gesetze unterschiedlich anknüpfen. Generell läßt sich sagen, daß die medizinischen Diagnosebegriffe des PsychKG, wenn der Richter sie mit sachverständiger Hilfe so feststellt, für die Anwendung dieses Gesetzes von unmittelbarer rechtlicher Bedeutung sind und daß auch die Suchtumschreibungen des BGB dem nur abstrakt umfassenderen Begriff der Suchtkrankheit im PsychKG durchaus entsprechen, während demgegenüber die hergebrachten, vom BGB verwendeten Bezeichnungen Geisteskrankheit und Geistesschwäche rein juri-

stische Termini sind. Nur die geistigen Gebrechen des § 1910 BGB können im weitesten Sinne des Wortes verstanden werden. Geisteskrankheit und Geistesschwäche sind aber an den allgemeinen Fähigkeiten zur vernünftigen Willensbildung 7jähriger Kinder zu messen: Entsprechen diese Fähigkeiten nur denen von Kindern unter 7 Jahren, so liegt Geisteskrankheit, andernfalls Geistesschwäche vor, was sich nicht in allen Fällen mit den Diagnosebegriffen des PsychKG deckt. Die Qual der Wahl der Rechtsgrundlage beginnt aber nicht nur dort, wo die Psychose oder gleichwertige psychische Störung sich zugleich zumindest als Geistesschwäche darstellen; denn ein geistiges Gebrechen im Sinne des § 1910 BGB ist die psychische Störung allemal.

Zurück zu Tabelle 1: Die Erkrankung muß sich als weitere Unterbringungsvoraussetzung in bestimmter Weise auswirken. Die Schwelle ist im PsychKG hoch angesetzt. Hier reicht das krankheitsbedingte Unvermögen der Besorgung eigener Angelegenheiten nur dann zur Unterbringung aus, wenn die Sicherheit anderer oder die eigene Gesundheit, letztere schwer und gegenwärtig, also akut, gefährdet ist (Beispiele sind außer der Selbstmordgefahr in Anknüpfung an die Motive zum PsychKG: Selbstverstümmelung, Gifteinnahme, Siechtum, Absturzgefahr bei Kletterversuchen).
Nur die Unterbringung kraft vormundschaftsgerichtlichen Beschlusses ist schon im Vorfeld im wohlverstandenen Interesse des Unterzubringenden möglich; ob sie zu seinem Wohle nötig ist, entscheidet dann der (Vormundschafts)richter, der nach unserer Auffassung dem Betroffenen diese Hilfe nur aufzwingen wird, wenn sie unter Abwägung der Freiheitsrechte der Person unerläßlich ist, um ihn vor bleibendem Schaden zu bewahren. Der Vorteil dieses Weges liegt aus sozialstaatlicher, juristischer und auch ärztlicher Sicht auf der Hand.
Aus der Sicht des Patienten ist die ihm ohne oder gegen seinen Willen gebotene Fürsorge aber an seiner Persönlichkeit auszu-

richten, also in seinem Sinne so zu gestalten, wie er selbst entscheiden würde, wenn er es vermöchte. Auch wenn das Vormundschaftsrecht hierfür die bessere Gewähr bietet, so wird es freilich der Betroffene, auf den es Anwendung findet, oft als entehrender empfinden als Maßnahmen nach dem PsychKG: dies muß im Einzelfall bedacht werden, wenn es sich um eine voraussichtlich vorübergehende, wahrscheinlich nicht oder nicht häufig wiederkehrende Psychose handelt.
Wie ist nun zu verfahren, wenn der Unterzubringende auffällig wird, aber keine rechtserhebliche Freiwilligkeitserklärung abgibt und auch keine Vormundschaft oder Pflegschaft besteht? Wiebe stellt die 3 Rechtsgrundlagen Gebrechlichkeitspflegschaft, Vormundschaft und PsychKG in eine Rangfolge.

1. Lösungsmöglichkeit

Gebrechlichkeitspflegschaft mit dem Wirkungskreis der Aufenthaltsbestimmung und Zustimmung zu ärztlichen Behandlungsmaßnahmen.
Es genügt die formlose Verständigung des Vormundschaftsrichters von der Zweckmäßigkeit einer solchen Pflegschaft, um ggf. zunächst über § 1846 BGB die Unterbringungsgrundlage zu schaffen. Rechtlich ist dieser Weg immer gangbar, wenn es sich nicht ausschließlich um eine Suchtkrankheit handelt, der Betroffene in die Einrichtung der Pflegschaft einwilligt oder keine Verständigung mit ihm über sein Leiden, dessen Auswirkungen und die Maßnahmen zur Behebung oder Besserung möglich ist und weitergehende Angelegenheiten (wie Rente, Wohnungsmiete, Vermögensangelegenheiten) keiner alsbaldigen Regelung bedürfen.
Aber sogar wenn dieser Weg offensteht, bleibt zu bedenken und abzuwägen: Auch die Pflegschaft ist ein sehr erheblicher Eingriff in die Mündigkeit der Person, was sich nicht zuletzt darin zeigt, daß ein Antrag des Pfleglings zur Aufhebung einer Pflegschaft (§ 1920 BGB) Geschäftsfähigkeit erfordert.

2. Lösungsmöglichkeit

Vormundschaft

Einen Entmündigungsantrag anzuregen, kommt in Betracht, wenn eine Verständigung mit dem Unterzubringenden noch möglich ist oder ein Großteil seiner Angelegenheiten über Unterbringung und ärztliche Behandlung hinaus der Regelung bedarf und zugleich die Voraussetzungen des § 6 BGB gegeben sind. Den Antrag selbst müßte, wenn sich kein Angehöriger dazu bereitfindet - bei Verheirateten, die zusammenleben, kommt nur der Ehegatte in Frage -, der Staatsanwalt stellen, evtl. das Sozialamt bei Suchtkrankheiten. Der Antragsteller wird so gut wie immer eines ärztlichen Attestes bedürfen. Bei Gefahr im Verzuge kann der über den Eingang eines Entmündigungsantrags bei Gericht sofort zu verständigende Vormundschaftsrichter schnell eine vorläufige Vormundschaft einrichten, der Betroffene kann untergebracht werden und die Unterbringung noch vor der Bestellung eines vorläufigen Vormunds nach § 1846 BGB angeordnet werden.
Vorsicht ist dennoch anzuraten: Wenn auch als Schutzmaßnahme für den Betroffenen konzipiert, kann eine Entmündigung dem Grundsatz der Verhältnismäßigkeit des Mittels, der im gesamten Recht zu beachten ist, widersprechen.

3. Lösungsmöglichkeit

PsychKG

a) Beantragt das Ordnungsamt die sonstige bzw. eine einstweilige Unterbringung, ist das Verfahren durchzuführen, aber Zweckmäßigkeit und Möglichkeit einer vorrangigen Lösung sollten erwogen oder doch vormundschaftsgerichtlicher Beurteilung zugänglich gemacht werden; der Unterbringungsrichter ist sogar nach § 50 FGG gesetzlich gehalten, das Vormundschaftsgericht einzuschalten, wenn, wie es ja oft der Fall sein wird, die Möglichkeit der Einrichtung einer Gebrechlichkeitspflegschaft besteht. Sollte im Einzelfall, so insbesondere bei Dauerunterbringungen, eine Entmündigung in Betracht gezogen werden müssen, ist ein entsprechender Antrag (s. oben) anzuregen.

b) In der Praxis ordnet allerdings das Ordnungsamt meist die sofortige Unterbringung an. Dieser Praxis ist zu entraten, wenn auch auf das Institut der sofortigen Unterbringung sicher nicht verzichtet werden kann. In diesen Fällen gilt das zuvor Gesagte gleicherweise.

Es ist aber § 17 letzter Satz PsychKG strikt zu beachten: Eine richterliche Unterbringungsanordnung, von welchem Richter auch immer, muß bis zum Ablauf des auf den Beginn der Unterbringung folgenden Tages zur Vermeidung einer Entlassung des Untergebrachten vorliegen.

Dieser vornehmlich juristischen Betrachtungsweise wird in der Praxis eher selten entsprochen. Der Grund hierfür liegt wohl darin, daß die Einschränkungen der bürgerlichen Rechte sowohl wegen der hier ausführlich beschriebenen gesetzlichen Grundlagen als auch wegen der Praxis der Handhabung bei den familienrechtlichen Lösungen zur Zeit als wesentlich einschneidender und dauerhafter eingeschätzt werden als bei einer zeitlich strikt begrenzten PsychKG-Unterbringung. Deshalb sind eine Reihe von Weiterentwicklungen erforderlich, wenn familienrechtliche Lösungen eine Alternative zu einem Teil der heute geübten PsychKG-Verfahren sein können.

12 Reformvorschläge

Dem Vorrang der familienrechtlichen Unterbringung liegt ein übergeordneter Gesichtspunkt zugrunde: Stört nämlich ein Kranker den Gemeinschaftsfrieden, soll zuerst die Krankheit gesehen werden und nicht die Wiederherstellung des Gemeinschaftsfriedens durch Entfernung des Kranken aus der Gemeinschaft. Die staatliche Exekutive sollte nicht unmittelbar einschreiten und dem Kranken gegenübertreten dürfen; dies sollte vielmehr von einem individuellen Helfer übernommen werden, wenn der Kranke seine Angelegenheiten nicht selbst besorgen kann, d.h. von einem Sachwalter, nach geltendem Recht von einem Vormund oder Pfleger. Diese Sicht ist wichtig: Es ist unbefriedigend, wenn ein Ordnungsamt das Gericht gegen einen Kranken anrufen muß.
Andererseits ist nicht zu verkennen, daß die familienrechtliche Unterbringung nach geltendem Recht in vielen Fällen Nachteile mit sich bringt oder rechtlichen oder tatsächlichen Schranken begegnet, die es abzubauen gilt.
Anzustreben ist eine große Reform des Rechts der psychisch Behinderten, etwa nach den österreichischen Modellvorstellungen, die Hopf (1981, S. 151 ff.) vorgestellt hat, unter Einführung einer gleitenden Sachwalterschaft anstelle des Entmündigungs- und Pflegschaftsrechts und der ordnungsbehördlichen Unterbringung. Bis dahin ist der Weg noch sehr weit. Einige Konsequenzen aus den Erkenntnissen der modernen Psychiatrie aber sollte der Gesetzgeber sofort ziehen.
Um die Unterbringung der psychisch Kranken und gerade auch solcher, die nur vorübergehend unter der Einwirkung einer Psy-

chose stehen, auch von Rechts wegen menschlicher zu handhaben, ihnen, wenn möglich, ein Entmündigungsverfahren ebenso zu ersparen wie den unmittelbaren staatlichen Zugriff, bedarf nämlich das Pflegschaftsrecht einer gesetzlichen Erweiterung:

Vorab sollten die Suchtkrankheiten den geistigen Gebrechen in § 1910 BGB gleichgestellt werden. Alsdann sollte dem Vormundschaftsgericht die Möglichkeit eröffnet werden, die etwa erforderliche, aber fehlende Einwilligung des Kranken zu ersetzen, wenn die zu regelnde Angelegenheit nicht ohne schwerwiegende Nachteile für den Betroffenen unterbleiben oder aufgeschoben werden kann. Die Ersetzung fehlender Einwilligung durch vormundschaftsgerichtlichen Beschluß ist dem Gesetz auch sonst nicht fremd, vgl. z. B. §§ 113, 1365, 1369, 1426, 1452, 1727, 1748 BGB.

Ihre besondere Bedeutung erhielte in diesem Zusammenhang die Ersetzung gerade auch bei nur vorübergehend psychisch Kranken. Diese müssen nicht auf den vormundschaftlichen Schutz mit seinem familienrechtlichen Charakter verzichten, wenn ihnen in ihrem eigenen oder auch im zugleich öffentlichen Interesse einmal die Freiheit als letztmögliche Maßnahme entzogen werden muß, nur weil sie krankheitsbedingt ihre persönliche Einwilligung zu einer entsprechenden Pflegschaft verweigern, in deren Wirkungskreis die ärztliche Behandlung ausdrücklich und zwanglos einbezogen werden kann, nachdem sich der Vormundschaftsrichter von ihrer Notwendigkeit überzeugt hat, ohne daß diese Lösung verfassungsrechtlichen Bedenken begegnen müßte.

Für einen begrenzten Zeitraum von etwa 2 Monaten sollte darüber hinaus eine Pflegschaft zur Aufenthaltsbestimmung und zur Einwilligung in eine ärztliche Behandlung auch neben einer Vermögenspflegschaft zulässig sein; die Frist sollte einmal verlängert werden können, und bis zu ihrer Verlängerung sollte sogar die Bestellung eines (Unterbringungs- und Behandlungs-) Pflegers im Hinblick auf §§ 1845, 1915 BGB am besten ganz

unterbleiben können; letzteres deshalb, weil sich beim Hauptfall vorübergehender Psychosen in der (1.) Frist erweisen wird, ob sich die Pflegschaft nicht alsbald wieder erübrigt.
Schließlich wären auch bestehende Mitteilungspflichten über angeordnete Gebrechlichkeitspflegschaften aufzuheben; auf Nachrichten an das Zentralregister, das Wahlamt, das Straßenverkehrsamt und dergleichen kann verzichtet werden.
Auf die diesbezüglichen Reformvorschläge der Evangelischen Akademie Hofgeismar im Protokoll 92/74 und die Vorschläge von Wiebe (1981, S. 126-128) wird Bezug genommen. Es wäre an der Zeit, in dieser Angelegenheit an den Bundesgesetzgeber heranzutreten, was auch für folgerichtig gehalten wird: Nachdem das PsychKG NW das alte preußische PVG und das LUG des Landes NW durch Weiterentwicklung des Fürsorgegedankens entscheidend verbessert hat, ist es an die Grenze des landesrechtlich Machbaren gestoßen. Der nächste Schritt muß nun, parallel zu manchen Verbesserungen in der praktischen Handhabung des PsychKG, die Verbesserung der familienrechtlichen Lösung sein, auch ihre Fortschreibung an die Erkenntnisse der modernen Psychiatrie.

13 Resümee

Es konnte gezeigt werden, daß die Rechtsstellung psychisch Kranker bei zwangsweisen Unterbringungen zu zahlreichen Problemen führt, die sich sowohl aus dem Vorhandensein der Unterbringungsgesetze als auch aus der Praxis ihrer Anwendung ableiten.

Am PsychKG, das lediglich zur *Gefahrenabwehr* anzuwenden ist, ist grundsätzlich zu kritisieren, daß es in den Paragraphen zur Unterbringung psychisch Kranker ein Polizeigesetz ist, das für eine zeitgemäße Psychiatrie eigentlich nicht mehr tragbar ist. Es ist zu prüfen, ob das PsychKG, das historisch gesehen das Ergebnis einer Vertrauenskrise ist, die durch die Entwicklung in unserem Land als eingeholt und überholt angesehen werden kann, heute nicht überhaupt verzichtbar ist. Länder wie die USA, England und die Schweiz kommen ohne ein solches Gesetz aus.

Eine Möglichkeit, das PsychKG nach und nach entbehrlich zu machen, andererseits jedoch dem Fürsorgegedanken der *Behandlungsbedürftigkeit* Raum zu geben, wäre die vermehrte Anwendung familienrechtlicher Lösungen - allerdings nicht ohne wesentliche Änderungen des Vormundschafts- und Pflegschaftsrechts sowie der Praxis ihrer Anwendung.

Wenn und solange das PsychKG angewendet wird, ist es erforderlich, die Verfahrenspraxis zu ändern, um fragwürdige und vorschnelle Zwangseinweisungen zu vermeiden. Die Zahl der Unterbringungen könnte zum einen erheblich reduziert werden, wenn ein differenzierteres ambulantes Hilfeangebot bestünde. Außerdem fällt auf, daß ein hoher Anteil von Unterbringungen erfolgt, die sich auf das Attest des Aufnahmearztes in der Klinik stützen müssen, ohne daß ein vorhergehendes ärztliches Attest erstellt worden wäre, das den Betreffenden in der Situation der Gefährdung vor dem Transport erfaßt. Dies trifft insbesondere nachts und an Wochenenden zu. Diese Situation sollte vorrangig geändert werden. Dazu könnte nicht unwesentlich die Einrichtung eines nervenärztlichen Bereitschaftsdienstes, wie er bereits in einigen Städten, z. B. Kassel, Hamburg und Paderborn, besteht, beitragen.

Die ausführliche Gegenüberstellung von PsychKG-Unterbringung und vormundschaftsgerichtlicher Unterbringung sollte die Probleme beider Unterbringungsarten deutlich machen. Wenn bei der stationären Behandlung psychisch Kranker gegen oder ohne ihren Willen der Gefährdungstatbestand hinter den Fürsorgegedanken zurücktreten soll, wie es die Autoren dieses Beitrags nahelegen, so würden hierfür die privatrechtlichen Lösungen anzuwenden sein. Damit hier jedoch angemessen verfahren werden kann, sind Änderungen sowohl in den Gesetzen als auch in ihrer praktischen Durchführung notwendig.

14 Literatur

Baumann J (1966) Unterbringungsrecht. Mohr, Tübingen

BayOLGZ 1965, 25 (238)

Bergener M (Hrsg) (1981) Psychiatrie und Rechtsstaat. Luchterhand, Neuwied Darmstadt

BGHSt 4

Bonner Kommentar zum GG

Deutscher Bundestag (Hrsg) (1975) Bericht über die Lage der Psychiatrie in der Bundesrepublik Deutschland. Drucksache 7/4200, Bonn

Göppinger H (1980) in Fam RZ 856 H

Heiliger A, Holzschneider J (Publikation in Vorbereitung)

Hopf G (1981) Von der Entmündigung zur Sachwalterschaft - Der Stand der Reform der Entmündigung in Österreich. In: Bergener M (Hrsg) Psychiatrie und Rechtsstaat. Neuwied Darmstadt S 151-171

Klee E (1983) Euthanasie im NS-Staat. Fischer, Frankfurt

Maunz T, Dürig G, Herzog R (Loseblattsammlung) Kommentar zum GG, Art. 104. Beck, München

OLG Zweibrücken in NJW 1974, 610 (mit Anm. von Koch)

Parensen G (1983) Unterbringung Geistes- und Suchtkranker. Kommentar zum PsychKG. Beck, München

Saage E, Göppinger H (1975) Freiheitsentziehung und Unterbringung, 2. Aufl Beck, München

Wiebe A (1981) Familienrechtliche Unterbringung - eine Alternative zu den Psychisch-Kranken-Gesetzen. In: Bergener M (Hrsg) Psychiatrie und Rechtsstaat. Luchterhand, Neuwied Darmstadt, S 116-129

GPSR Compliance

The European Union's (EU) General Product Safety Regulation (GPSR) is a set of rules that requires consumer products to be safe and our obligations to ensure this.

If you have any concerns about our products, you can contact us on ProductSafety@springernature.com

In case Publisher is established outside the EU, the EU authorized representative is:

Springer Nature Customer Service Center GmbH
Europaplatz 3
69115 Heidelberg, Germany

Batch number: 10844827

Printed by Printforce, the Netherlands